AF393673

TIRER PARTI DU TRAVAIL EN ÉQUIPE

Les étapes-clés d'un teamworking réussi

Par Caroline Cailteux

50MINUTES.fr

TIRER PARTI DU TRAVAIL EN ÉQUIPE

- **Problématique ?** Quelle place occuper au sein d'une équipe pour collaborer efficacement avec tous ses membres ?
- **Utilité ?** Un bon travail d'équipe permet d'optimiser les contributions et collaborations de chacun et, par conséquent, d'influencer la productivité de l'entreprise.
- **Contexte professionnel ?** Gestion des ressources humaines, travail en équipe, gestion de projet
- **FAQ ?**
  - Quelles sont les caractéristiques d'une équipe professionnelle ?
  - Quels sont les éléments favorables au bon fonctionnement de l'équipe ?
  - L'interdépendance des tâches influence-t-elle l'efficacité ?
  - Existe-t-il un modèle pour évaluer la performance des équipes ?

- Les résultats de l'équipe permettent-ils d'évaluer sa performance ?
- Les membres de l'équipe les plus performants sont-ils ceux qui obtiennent les meilleurs résultats ?
- La performance est-elle uniquement liée aux compétences ?
- L'équipe a-t-elle un impact sur mon identité personnelle ?

Le groupe au sein duquel nous travaillons influence nos performances individuelles au travail. Chaque équipe développant une dynamique qui lui est propre, les individus qui la composent tissent quotidiennement des liens qui tracent les lignes directrices des comportements attendus et rituels qu'il convient de respecter. Au-delà des compétences, individuelles et collectives, mises au service de l'objectif commun, il s'agit de décrypter ces codes de fonctionnement et d'endosser différents rôles pour être efficace. La gaine des normes collectives exercera une pression plus ou moins forte sur vos agissements, cultivant ou non votre confort relationnel au sein de l'équipe. Bien qu'elles soient très présentes et influencent l'implication des membres du groupe, les normes ne sont malheureusement pas toujours aussi explicites que nous le souhaiterions. Dès lors, l'enjeu de votre efficacité, au contact d'une équipe, sera de vous positionner adéquatement en son sein pour vous inscrire dans sa dynamique particulière.

Le groupe est comme un navire qui traverse les océans. Il s'agit d'atteindre l'autre rive, en prenant les bonnes vagues, en traversant les tempêtes, et en profitant des accalmies consécutives à ces deux mouvements. Faire l'impasse sur les caractéristiques du groupe et sa dynamique pourrait annuler les effets de votre implication au travail. C'est la raison pour laquelle nous vous proposons d'investir 50 minutes pour partir à la découverte de solutions clés-sur-porte qui, nous l'espérons, vous aideront à définir quelle position vous convient le mieux pour vivre une agréable traversée.

Si les chercheurs se sont longtemps concentrés sur ce qui se déroulait au sein des groupes pour mieux en comprendre l'impact sur les individus, aujourd'hui, les organisations (en particulier celles à but lucratif) s'interrogent sur la « performance » du groupe et les conséquences de ses actions sur la productivité globale de l'entreprise. En effet, si nous formons des équipes, c'est entre autres parce que nous ne sommes pas experts en toutes les matières et que nous avons besoin des compétences d'autrui pour mener à bien un projet. L'équipe est un moyen de mobiliser une multiplicité de ressources (similaires ou complémentaires) en vue d'atteindre un but commun.

Au-delà de l'équipe en tant que telle, l'accent est également mis, à travers des conseils et des questions-réponses, sur le contexte dans lequel elle évolue et les facteurs environnementaux qui influencent son efficacité. Car si la performance des équipes joue un rôle considérable dans la productivité de l'organisation, l'environnement de l'entreprise affecte à son tour les résultats des équipes.

B.A.-BA DU COÉQUIPIER EFFICIENT

Afin d'alimenter la réflexion relative à votre efficacité au sein d'une équipe de travail, nous vous proposons de réfléchir à votre position en fonction de trois axes.

- **L'axe individuel** : quelles sont vos zones de confort et d'effort dans votre fonctionnement personnel ?
- **L'axe collectif** : quelle est votre position dans l'équipe, votre rôle sur le plan fonctionnel et relationnel ?
- **L'axe environnemental** : quelles sont les logiques de justification des actions sous-jacentes aux caractéristiques dominantes de votre environnement de travail ?

SE POSITIONNER INDIVIDUELLEMENT

Parmi vos collègues, certains vous sont sympathiques, et il vous est aisé de collaborer avec eux, alors que vous vous sentez incapable de travailler avec d'autres. Les notions qui suivent vous fourniront quelques clés, qui devraient vous aider à comprendre pourquoi certaines affinités se dessinent et d'autres pas.

Cette approche est inspirée de l'œuvre de Carl Gustav Jung (1921) relative aux types psychologiques. L'idée principale sous-jacente à cette approche est de repérer vos préférences face aux situations, aux objets, aux personnes, etc.

EXERCICE D'INTRODUCTION

1. Écrivez votre nom et votre adresse avec la main que vous utilisez habituellement pour écrire.
2. Écrivez la même chose, mais cette fois avec l'autre main.

Quelles facilités et difficultés avez-vous ressenties ? Il est fort probable que le premier exercice vous ait semblé plus simple que le second. En utilisant votre main habituelle, vous vous trouviez en « zone de confort ». Étiez-vous moins agile en utilisant l'autre main ? Avez-vous pris plus de temps pour écrire ? Avez-vous dû vous concentrer davantage ? Le résultat est-il de qualité identique ? En utilisant l'autre main, en situation non spontanée, vous vous êtes montré(e) capable d'effectuer l'exercice, mais en étant en « zone d'effort ».

Nos préférences spontanées face à des personnes ou des situations nous demandent de mobiliser moins d'énergie que lorsque nous sommes confrontés au pôle opposé. Notre énergie prend donc une orientation, se positionnant sur un axe qui s'étire entre deux pôles opposés, avec une préférence naturelle pour un côté de l'axe plutôt que l'autre :

Types psychologiques

**Orientation
de l'énergie**

I - Introversion ⟷ E - Extraversion
(puise son énergie   (prend son énergie
en interne)   en externe)

**Recueil
d'informations**

S - Sensation ⟷ N - iNtuition
(perception par   (perception intuitive,
le sens, concrète) abstraite)

Prise de décision

T - Pensée (*Thinking*) ⟷ F - Sentiment (*Feeling*)
(décisions en appui   (décisions en appui
sur la logique)   sur les valeurs)

Mode de vie

J - Jugement ⟷ P - Perception
(maîtrise de   (adaptation à
l'environnement)   l'environnement)

Le croisement des positions sur ces quatre axes permet de tracer 16 profils caractérisant des fonctionnements différents dans la vie privée et professionnelle. N'hésitez pas à réaliser le test MBTI pour déterminer votre mode de fonctionnement préférentiel. En cernant les contours de votre profil, vous saurez mieux pourquoi vous adorez traiter des dossiers avec Marcus ; pourquoi vous détestez le manque d'organisation de Rita ; ou pourquoi vous vous sentez irrité en réunion par les digressions de votre supérieur.

ILLUSTRATION DE CES DIFFÉRENTS PÔLES EN SITUATION DE TRAVAIL

Extraversion (E) *versus* Introversion (I)

Lorsque Marion entre dans le bureau, elle semble toujours en pleine forme. De nature sociable, elle fait le tour de l'équipe, échange quelques mots, voire quelques éclats de rires avec les uns et les autres. Quand elle arrive, tout le monde le sait. L'énergie de Marion s'oriente probablement vers le pôle extraversion (E). Même s'il la trouve sympathique, Igor est épuisé rien qu'à observer le rituel matinal de Marion. De nature réservée et réfléchie, il arrive tôt le matin, ce qui lui permet de prendre contact en douceur avec le monde du travail, et d'avoir un peu d'intimité. Lorsque Marion s'installe en face de lui, il est déjà concentré et se sent quelque peu dérangé par ses bavardages.

Igor a sans doute une énergie tournée vers le pôle introversion (I).

Sensation (S) *versus* iNtuition (N)

Soudain, Marion interpelle Igor : « Tu as vu la nouvelle affiche dans l'entrée ? » – « Laquelle, demande Igor, celle avec la plage et les trois palmiers, avec le commentaire en italique ? » Structuré et réaliste, il se réfère à du concret (S). Marion réfléchit : « Euh, je veux dire celle qui fait rêver, qui évoque les vacances, donne un sentiment d'évasion, une bouffée d'oxygène avant d'entrer dans le bureau. » Tournée vers son intuition (N), Marion se laisse porter par son imagination.

Pensée (T de *Thinking*) *versus* Sentiment (F de *Feeling*)

Leur supérieur hiérarchique s'interroge sur la pertinence du renouvellement d'un projet. Il convie Marion et Igor pour avoir leur avis sur la question. Marion s'exclame : « Je pense que nous devons maintenir le projet. Il nous permet de véhiculer et de renforcer l'image sociale de l'entreprise. Les habitués seront vraiment déçus si nous n'organisons pas l'événement. C'est aussi l'un des rares moments qui nous permet de passer du temps en équipe. Qu'en penses-tu Igor ? » Igor sort le document qu'il a préparé en matinée, relevant les forces et faiblesses du projet et tranche : « Objectivement, si je me réfère à mes analyses et au budget, j'aurais tendance à ne pas relancer l'événement. » Ces échanges portent à croire que les décisions de Marion sont élaborées sur ses sentiments et ses valeurs (F) alors qu'Igor se décide en fonction de ce qui lui semble logique (T).

Jugement (J) *versus* Perception (P)

Alors qu'Igor aime avoir une certaine maîtrise sur les événements (J), Marion arbore un style de vie qui l'incite à saisir les opportunités (P). « Allez Igor, insiste Marion. C'est l'occasion de rencontrer des gens et de faire des découvertes. » Igor cède : « J'accepte à une condition. Nous repensons l'organisation de l'événement et nous nous y prenons à temps. Pas question que tu arrives en retard et que l'on se retrouve sous la pluie parce que tu as oublié de louer la tente ! » – « Je te trouve un peu dur, répond Marion, on s'est mis à l'abri des arbres et c'était tout aussi bien ! »

Se positionner dans le travail

La composition de votre équipe a une influence sur son efficacité. Selon les constats de certains chercheurs, le défi ne résiderait pas tant dans le fait de composer une équipe hétérogène (le caractère hétérogène de la composition n'affecterait pas l'efficacité), mais de composer une équipe avec une composition appropriée à la tâche qui lui est confiée.

Pour que les membres d'une équipe puissent coordonner leurs actions de façon cohérente, il est important que chacun ait les idées claires sur les tâches qu'il/elle devra prioritairement exécuter. Il n'est pas rare de voir des personnes entrer en conflit parce qu'elles marchent sur les plates-bandes des autres, ou se reprochent mutuellement la non-exécution d'une tâche.

ILLUSTRATION

Lucie se rend systématiquement au guichet pour accueillir les nouveaux clients, alors que c'est Marco qui est censé s'occuper de l'accueil. La première pense rendre service à son collègue, et ne réalise pas que ses initiatives frustrent ce dernier, qui se sent dans l'impossibilité d'accomplir sa mission. Pendant qu'ils se « disputent » le guichet, personne ne distribue le courrier, qui comprend peut-être des demandes importantes ou urgentes de clients qui devraient être traitées.

La distribution pertinente des responsabilités est nécessaire au bon fonctionnement d'une équipe. À nouveau, chacun d'entre nous a ses « zones de confort » (les choses que nous exécutons aisément, spontanément) et ses « zones d'effort » (ce que nous exécutons, moyennant un effort, un apprentissage, davantage de concentration). Bien identifier les domaines d'activités et les profils de compétences des membres de l'équipe permet de distribuer les rôles liés aux fonctions, pour une meilleure efficacité dans l'exécution des tâches.

Le modèle théorique « cartographie de la cohabitation des fonctions et compétences » (Cailteux, 2013) propose de décrire le rôle joué par les personnes, dans le cadre de la fonction qui leur est attribuée, en catégorisant les activités exercées sur trois dimensions :

- **les activités à dominante pragmatique ou gestuelle**, faisant appel à la reproduction de gestes, de procédures, dans des situations relativement similaires, orientées vers les objets et les réalisations concrètes ;
- **les activités à dominante cognitive**, faisant appel à des démarches cérébrales, de réflexion, d'extrapolation dans des cadres inconnus ou d'innovation, orientée vers les éléments abstraits et la recherche de solutions ;
- **les activités à dominante relationnelle**, faisant appel à la façon d'appréhender les interactions avec les personnes et à réagir à l'environnement, orientées vers les aspects émotionnels, les valeurs et la mise en œuvre de moyens.

Si chaque métier est susceptible de comprendre ces trois dimensions et que nous sommes potentiellement capables d'exercer nos compétences dans les trois domaines, chaque fonction nécessite de fixer des priorités, privilégiant certaines activités plutôt que d'autres. C'est en déterminant ces priorités que les profils peuvent s'articuler les uns aux autres, jouant sur les aspects polyvalents ou sur les complémentarités. Le croisement de ces trois dimensions donne naissance à huit « rôles fonctionnels » (m/f), qui font appel à l'activation d'une combinaison de compétences directement liées à l'exécution des tâches prescrites. Chaque métier peut s'exercer en mettant l'accent sur un ou plusieurs domaines.

Rôle fonctionnel	Se concentreront prioritairement sur ...	Exemples (m/f)
Opérateur	les activités avec une dominante pragmatique, orientées vers une réalisation matérielle.	Techniciens de surfaces, manœuvres, support administratif...
Spécialiste	les activités avec une dominante cognitive, tournées vers les idées, les solutions.	Expert de dossiers spécifiques à un secteur, chercheur, chimiste, analyste...
Accompagnateur	les activités avec une dominante relationelle, se confrontant à des réactions émotionnelles.	Assistant social, prospecteur...

Rôle fonction-nel	Se concentreront prioritairement sur ...	Exemples (m/f)
Inter-médiaire	la combinaison des activités pragma-tiques et relation-nelles, joignant le geste à la parole pour satisfaire un client.	Vendeur au comptoir, personnel d'accueil, préposé au guichet...
Trans-metteur	la combinaison des activités relation-nelles et cognitives, transformant les données, les infor-mations pour mieux les transmettre à un public.	Chargé de commu-nication, formateur, enseignant...
Gestion-naire	la combinaison des activités cogni-tives et gestuelles, adaptant les gestes en analysant les nouvelles situations pour assurer la conti-nuité des processus.	Gestion-naire de dossiers administra-tifs, gestion-naires de processus techniques...

Rôle fonctionnel	Se concentreront prioritairement sur ...	Exemples (m/f)
Coordinateur	la combinaison de la réflexion et de l'action, en veillant aux aspects relationnels, sans exercer de pouvoir sur le groupe cible, mais en le mobilisant.	Coordinateur de projet XY…
Manager	la combinaison de la réflexion et de l'action, en veillant aux aspects relationnels, en exerçant un leadership, une autorité sur le groupe cible attribuée et légitimée par l'organisation.	Manager d'équipes commerciales…

Aucun métier n'est définitivement lié à l'une de ces catégories ; ce qui est important, c'est le rôle attribué dans la fonction. Par exemple, un plombier peut jouer un rôle d'opérateur qui répare des fuites sur base de consignes, de gestionnaire qui analyse la problématique avant de réparer la fuite, de transmetteur qui forme aux techniques de plomberie ou encore de manager qui donne les consignes à l'équipe et explique comment réparer les fuites.

Au sein d'une équipe, chacun joue deux types de rôles (Belbin, 2006) :

- **un rôle fonctionnel**, celui que l'organisation souhaite vous voir développer dans vos fonctions. Il décrit la façon dont vous êtes supposé fonctionner au niveau de vos tâches par rapport aux autres (de façon identique ou complémentaire) ;
- **un rôle d'équipe**, qui concerne la façon dont vous allez agencer vos relations par rapport aux personnes.

En effet, si deux personnes se montrent capables d'organiser des événements, de traiter des dossiers ou de gérer un réseau informatique, il se peut que l'une d'entre elles soit plus ou moins efficace lorsqu'elle est mise au contact d'une équipe de travail. Une personne n'est pas l'autre et certaines compositions d'équipe nous conviendront mieux selon le rôle que nous aurons la possibilité d'y jouer au niveau relationnel. Nous ne sommes pas de simples robots. Pour être efficaces en équipe, nous ne pouvons pas nous contenter de « fonctionner ». Outre notre rôle fonctionnel, il est important d'identifier nos zones de confort et d'effort dans les relations que nous entretenons avec nos collègues, notre « rôle d'équipe ».

Se positionner dans l'équipe

Meredith Belbin décrit neuf « rôles d'équipe », caractérisant nos comportements vis-à-vis des membres du groupe, et les façons dont nous apportons notre contribution personnelle. Selon son approche, les rôles qui nous correspondent sont au nombre de trois, certains rôles nous demandant plus d'énergie que d'autres. La prise en compte de ces éléments permet de comprendre pourquoi nous pouvons être compétents sans pour autant parvenir à le démontrer dans certaines équipes de travail, alors que nous excellons dans les collaborations avec d'autres collègues.

Notons que si certains termes sont communs, les rôles décrits ci-dessous sont différents des « rôles fonctionnels » décrits plus haut. Les informations qui suivent ne concernent pas la fonction attribuée par l'organisation, mais bien l'attitude que la personne développera au contact des membres de son équipe ! Voici les neuf rôles tels que définis par l'auteur, reprenant les comportements susceptibles de contribuer à la réussite d'une équipe, et leurs faiblesses :

Rôles selon Belbin (m/f)	Forces	Points d'attention
Priseur	Stratégique, envisage les options avec discernement.	Peut être perçu comme critique et manquant de dynamisme.
Expert	Autonome et déterminé, se concentre sur les objectifs. Personne-ressource en matière de connaissances et de techniques.	Néglige la lecture globale pour se focaliser sur les dimensions techniques. Compétent, mais dans un domaine étroit.
Organi-sateur	Méthodique et discipliné, transforme les idées en actions concrètes.	Manque de flexibilité et résistant aux nouvelles idées.

Rôles selon Belbin (m/f)	Forces	Points d'attention
Propulseur	Fonceur et dynamique, relève les défis et est efficace sous pression.	Peut se montrer blessant sans pour autant en avoir l'intention.
Perfection- neur	Cherche consciencieuse- ment les erreurs et fait en sorte que les délais soient respec- tés et le travail parfait.	Trop soucieux des détails, peut s'in- quiéter outre mesure.
Coordi- nateur	Confiant et diplomate, favo- rise les décisions et veille à opti- miser l'utilisa- tion des qualités des membres de l'équipe.	Peut être perçu comme un manipulateur.

Rôles selon Belbin (m/f)	Forces	Points d'attention
Concepteur	Créatif et anti-conformiste, va résoudre les problèmes en générant des idées.	Néglige les détails et se soucie peu de la communication.
Promoteur	Enthousiaste, étudie et exploite les opportunités. Développe un réseau de contacts.	Manque parfois de réalisme et son enthousiasme retombe.
Soutien	Sociable, sensible et conciliant, veille aux besoins des autres et évite les tensions au sein de l'équipe.	Influençable peut se montrer indécis et se sent mal à l'aise face aux conflits.

L'identification des rôles en jeu dans l'équipe permettra d'équilibrer la distribution des responsabilités, en tenant compte des affinités des uns et des autres (même s'il n'est bien entendu pas toujours possible d'appliquer cette démarche à 100 % sur le terrain).

SE POSITIONNER PAR RAPPORT À LA DYNAMIQUE DU GROUPE

Cadence de travail soutenue ou modérée ?

Nous ne vous surprendrons pas en vous annonçant que les normes du groupe exercent une certaine influence sur les efforts de ses membres.

- La norme de votre équipe induit-elle un niveau d'exigence élevé ? Vos collègues attendent-ils que vous fournissiez des efforts intenses au travail ? Les membres de votre équipe ont-ils tendance à rester au-delà des heures prescrites pour finaliser leurs projets ?
- Ou est-ce le contraire ? Vos collègues ont-ils tendance à vous dire : « Hey, ralentis la cadence, la personne qui était là avant toi ne produisait pas autant. Keep cool ! » ?

Plusieurs études ont démontré que si la norme du groupe est de placer la barre haute en matière d'effort au travail, les membres du groupe auront tendance à y adhérer, même si cela engendre des sacrifices tels que de rester au bureau au-delà des horaires, pour boucler un projet par exemple. Dans le cas contraire, si la norme est d'investir des efforts modérés au travail, on constate que les membres du groupe y adhèrent également. Les membres du groupe ont tendance à encourager les nouveaux à lever le pied, s'ils en font trop comparativement aux autres. Cette première lecture peut déjà vous aider à comprendre beaucoup de choses concernant la dynamique de travail au sein d'un groupe.

- Avez-vous tendance à suivre la cadence élevée ou modérée de l'équipe et à vous positionner dans la norme pour éviter les tensions ? Cela vous convient-il ?
- Avez-vous tendance à sortir de la norme, rentrer tôt alors que les autres se donnent à fond (ou en font trop de votre point de vue), ou êtes-vous l'oiseau rare qui quitte les bureaux dans le noir lorsque le concierge vient fermer les portes, alors que vos collègues ont depuis

longtemps rejoint leurs pénates ? Cela vous convient-il ?

L'environnement de travail et les normes de l'équipe auront un impact considérable sur la motivation et l'implication au travail. La performance professionnelle n'est en effet pas toujours qu'une question de compétence. Si vous aimez votre job, que vous vous sentez compétent, mais que vous ressentez un malaise quotidien au sein de votre équipe, il se peut que ses normes, entre autres de cadence, ne vous conviennent pas.

Juste ou pas juste ? Conventionnel ou non ?

Si nous nous jaugeons mutuellement sur les efforts investis dans le travail, la vie en équipe soulève également la question de la justification du travail accompli.

- Certaines équipes ont un niveau d'interactions élevé, permettant à chacun de bien se figurer ce que fait l'autre et de développer une forme d'empathie.

> « J'ai aidé Pierre à boucler le budget l'année passée, je réalise à quel point c'est stressant ! »
> « Dans notre équipe, tout le monde met la main à la pâte. Lorsque nous organisons une réunion, nous nous occupons tant du café que de la rédaction du procès-verbal et assurons la présidence à tour de rôle. »

- Dans d'autres équipes, les interactions sont moins fréquentes. Bien que les membres du groupe occupent le même espace, les échanges se font rares, chacun travaille de son côté et fait son propre boulot, ce qui peut rapidement engendrer des tensions :

> « Qu'est-ce qu'il fait encore celui-là, il n'est jamais assis à son bureau, il passe son temps au resto avec les clients ! »
> « Pfff, elle ne quitte jamais son ordinateur des yeux, c'est facile, elle n'a que des chiffres à encoder, alors que moi je dois négocier avec les clients pour faire des bénéfices. »

Bien que nous n'y soyons pas formellement obligés, la vie en équipe nous amène régulièrement à chercher des justifications relatives à notre fonctionnement.

Illustration des divergences dans les modes de justification du travail

Carole fait partie de l'entreprise depuis ses débuts. Elle s'est toujours montrée loyale envers le patron, qui lui a donné sa chance alors qu'elle venait de divorcer. Afin de le remercier, elle se montre disciplinée, n'est jamais absente, arrive toujours à l'heure et traite un maximum de dossiers sur la journée. Quand elle rentre chez elle, elle se sent sereine, forte du sentiment d'avoir accompli sa mission avec efficacité. C'est sa manière de démontrer sa loyauté à son employeur.

Depuis l'arrivée de l'équipe commerciale pourtant, Carole ressent beaucoup de tensions. Elle a du mal à comprendre comment son supérieur tolère cette « bande de jeunes » qui passent leur temps au téléphone, justifiant leur arrivée tardive au bureau par le fait que leur travail dépend des résultats et non des heures prestées. Bien qu'elle n'apprécie pas ses méthodes de travail ni son air de poupon en cravate, elle tente de tolérer Maxime, parce que son patron est content de ses services. Le chiffre d'affaires aurait en effet considérablement augmenté depuis son arrivée grâce à ses talents de négociateur. Carole se montre magnanime, mais attend de voir sur la durée.

Pourquoi Carole se sent-elle mal à l'aise depuis l'arrivée des jeunes commerciaux ? Sans doute parce que la dynamique du groupe ainsi que ses modes de justification du travail ont évolué depuis la naissance de l'entreprise. Alors que Carole justifie ses comportements par un respect des traditions, une loyauté envers le supérieur et l'application de méthodes efficaces, en vue d'un rendement quotidien, Maxime et les commerciaux mettent le focus sur l'image de l'entreprise et ne pensent qu'au profit. Carole s'interroge. Son patron est-il déçu d'elle ? A-t-il oublié ses années de loyaux services ? Que pourrait-elle faire ? Elle invite Maxime à déjeuner, s'assied sur sa fierté et lui demande conseil. Ce dernier l'encourage à afficher une attitude plus dynamique, à se montrer plus souriante et soucieuse des besoins des clients qu'elle reçoit. Il l'aide à agencer son espace de travail pour améliorer l'ambiance et la qualité d'accueil du client. De retour d'un voyage d'affaires, le patron remarque la nouvelle tenue de Carole, est surpris des changements et satisfait de cette nouvelle contribution à l'image de marque de son entreprise. Pour la première fois depuis longtemps, il salue chaleureusement Carole et la félicite.

Que s'est-il passé ? Si à ses débuts les valeurs prioritaires tournaient autour de formes de loyauté et de rendement, aujourd'hui, il semble que l'accent soit mis sur l'image de marque et le profit. Pendant toutes ces années, Carole n'avait peut-être pas compris à quel point l'opinion des clients et la réputation de l'entreprise constituaient une priorité pour son employeur. Cette priorité s'est accentuée avec l'arrivée des commerciaux et Carole a fait en sorte de s'y adapter, avec l'aide de Maxime. En travaillant son orientation client, Carole s'est rapprochée des priorités de l'équipe relatives à la réputation de l'entreprise.

Boltanski et Thévenot (1991/2001) sont les auteurs du « modèle des cités », destiné à expliquer les formes de justification utilisées par les personnes pour légitimer leurs actions. Selon cette approche, c'est la situation qui est au cœur de l'analyse. Il s'agit d'identifier la façon dont les personnes construiront leur argumentation, leur logique pour déterminer ce qui est juste et ce qui ne l'est pas. Il ne sera pas surprenant d'apprendre que l'image de marque et l'opinion des gens seront considérées comme importantes dans le secteur de la mode ou du marketing, alors que la créativité sera prioritaire pour un centre culturel. Dès lors, nous faisons appel à une combinaison de « cités » pour expliquer pourquoi nous agissons de telle manière et pas de telle autre, en fonction des justifications qui nous semblent prioritaires.

En cas de dispute, les personnes font appel à des principes supérieurs, qu'elles partagent, pour définir ce qu'il convient de faire – un peu comme un dénominateur commun qui met tout le monde d'accord. Les auteurs parlent de « principes » plutôt que de valeurs, considérant que les premiers sont davantage attachés aux situations, alors que les valeurs sont liées aux personnes. Les cités sont « comme des logiques de justification basées sur une conception du bien commun » (cité dans JACQUEMAIN (Marc), « Les cités et les mondes : le modèle de la justification chez Boltanski et Thevenot », Département de sciences sociales de l'université de Liège, 2001, p. 13). Dans cette approche, l'accord entre les parties et les arguments recevables varieront d'une cité à l'autre. Lorsque les personnes se mettent d'accord sur ce qu'il était juste de faire, la dispute cesse.

Si cette approche se situe habituellement au niveau de l'analyse des institutions, des politiques, il est tout aussi intéressant d'observer le fonctionnement d'une équipe à travers la grille de lecture des cités. Si vous éprouvez des difficultés à justifier vos actions vis-à-vis de votre équipe, et si vos arguments semblent irrecevables lorsque vous entrez en conflit avec vos collègues, il pourrait être intéressant de vérifier si vos logiques d'argumentation correspondent à celles qui sont favorisées au sein de l'équipe.

Cités

Cité	Principe commun supérieur pouvan susciter l'adhésion, l'accord entre les personnes
Civique	Représentativité – collectivité : est juste ce qui est le résultat d'un vote
Domestique	Fildélité – loyauté – tradition : est juste ce qui permet de perpétuer la tradition
Industrielle	Efficacité – mise en œuvre : est juste ce qui mobilise efficacement les moyens nécessaires
De l'opinion	Renommée – notoriété : est juste ce qui rend célèbre ou populaire
Inspirée	Créativité – inspiration – authenticité : est juste ce qui est fidèle à son inspiration
Marchande	Intérêt – désir de possession – profit : est juste ce qui permet de posséder davantage

TOP CONSEILS

VEILLER À LA COHÉSION DE L'ÉQUIPE

La cohésion est le ciment invisible de votre équipe, élément indispensable à son équilibre et donc à son efficacité. C'est elle qui maintient le tout ensemble au travers des différentes formes d'attraction entre les individus. Des recherches relatives aux relations qu'entretiennent les personnes d'un même groupe indiquent que pour renforcer et développer la cohésion d'une équipe – et donc son efficacité –, il faut particulièrement veiller aux aspects suivants :

- cultiver une image positive de l'équipe ;
- viser l'atteinte d'objectifs communs ;
- veiller à renforcer le sentiment de sécurité ;
- valoriser les actions de l'équipe ;
- travailler la conscience de la plus-value des actions collectives comparées aux actions individuelles ;
- cultiver les affinités au sein de l'équipe ;
- éviter d'isoler un membre de l'équipe.

PRENDRE CONSCIENCE DE LA TOXICITÉ DE CERTAINS COMPORTEMENTS

Si le travail en équipe nous permet d'améliorer nos performances sur certains aspects, cette cohabitation professionnelle peut parfois s'avérer difficile à gérer. Comme nous l'avons vu plus haut, certaines collaborations mobilisent davantage notre énergie, car il arrive que certains profils ne nous conviennent pas du tout et que nous percevions les attitudes de ces personnes comme « toxiques ».

Si vous confiez vos impressions à un collègue, il se peut que ce dernier soit surpris. En effet, ce qui est désagréable pour l'un ne le sera peut-être pas pour l'autre.

QUATRE NIVEAUX DE RÉACTIONS EN PRÉSENCE D'UNE PERSONNE TOXIQUE

- Émotionnel : mauvaise humeur, sentiment de dévalorisation, impression d'être vidé de toute énergie, sentiment d'infériorité, irritabilité, impression de ne pas exister, etc.

- Comportemental : envie de vous éloigner, comportements d'évitement, attitude soumise ou agressive, etc.
- Physique : maux de tête, nausées, difficulté à respirer, gorge serrée, tics nerveux, etc.
- Communication : impression de devoir marcher sur des œufs, ton de la voix qui change, besoin de crier, comportement non verbal défensif, impression d'un double sens dans les échanges, etc.

Les propos qui suivent reprennent quelques pistes lancées par Lillian Glass (1995) pour faire face aux profils toxiques. Attention, ne perdez pas de vue que nous pouvons tous potentiellement être l'agent toxique de l'autre. Les relations peuvent être constructives lorsque les zones de tension sont identifiées et que les parties consentent à faire un pas en avant, de part et d'autre.

Profil toxique	Conseil (extrait de *Ces gens qui empoisonnent l'existence*)
Le dénigreur Éprouve le plus souvent un sentiment d'insécurité.	L'interroger : « Qu'est-ce qui te dérange dans mon comportement ? Qu'est-ce qui te pousse à faire des remarques comme celles-là ? Pourquoi cela te dérange-t-il ? » Le but des interrogations est d'identifier ce qui dérange la personne pour désarmorcer la tension.
Le moulin à paroles A besoin d'être accepté et aimé pour se sentir important.	Toucher la personne pour qu'elle sache que l'on se soucie d'elle. Lui expliquer calmement (seul à seul) qu'il lui arrive de parler trop, souvent pour ne rien dire, et à des moment inopportuns. Si c'est envisageable, convenez d'un code pour lui signaler à l'avenir quand elle atteint la limite.

Profil toxique	Conseil (extrait de *Ces gens qui empoisonnent l'existence*)
La commère Vit un sentiment d'insécurité et manque d'estime pour elle.	Lui faire savoir que vous n'êtes pas dupe de son petit manège. Lui indiquer que son comportement est inacceptable et lui couper la parole lorsqu'elle vient colporter auprès de vous sur les autres. Ou couper le contact.
L'exploiteur Égoïste, déloyal et manipulateur.	Affronter et exprimer directement que vous vous sentez exploité(e) et blessé(e) par son comportement. Ou couper le contact.

INTERPRÉTER LES SITUATIONS AVEC PROFESSIONNALISME

Si vous voulez vous positionner et gagner le respect de vos pairs, il peut s'avérer utile de ne pas vous contenter d'être « le collègue lambda » et de vous montrer professionnel. Selon Guy Le Boterf (2010), il ne suffit pas de savoir exécuter les tâches prescrites pour faire bénéficier les autres de ses compétences. Un professionnel se montre également capable de faire face aux imprévus.

Au-delà des consignes qui sont adressées à votre équipe, pour faire preuve de professionnalisme, il s'agit d'interpréter correctement les situations qui se présentent. L'enjeu sera de déduire les comportements attendus, en fonction des normes pertinentes pour le groupe. Comme l'indique cet auteur, l'accent n'est pas tant à mettre sur le « savoir-faire », mais plutôt sur le « savoir quoi faire » (LE BOTERF (Guy), *Professionnaliser. Construire des parcours personnalisés de professionnalisation*, Paris, Éditions d'Organisation, 2010, p. 25) pour prendre les bonnes décisions.

Les situations dans lesquelles nous évoluons regorgent d'informations ; il est de bon ton d'identifier celles qui sont pertinentes, au risque d'investir de l'énergie dans un comportement inutile, voire inapproprié. Vous aurez certainement déjà entendu les confidences d'un proche : « Je ne comprends pas, je suis compétent(e), je fais tout mon possible, je respecte les délais, et ils ne sont jamais satisfaits. » Vous serez certainement de bon conseil en invitant votre ami(e) à analyser la situation et à vérifier si les résultats qu'il/elle produit correspondent aux attentes implicites de son équipe.

Car c'est bien là que se situe l'astuce. Pour être professionnel et performant dans une équipe, il ne suffit pas de se référer à l'explicite, il faut également s'aventurer à déduire les éléments flous de la situation et faire appel à son sens de l'observation. Quoiqu'on en pense, « savoir agir, c'est aussi dans certains cas savoir prendre l'initiative de ne pas intervenir » (LE BOTERF (Guy), *op. cit.*, p. 26). Ne vous fiez donc pas aux apparences, ne laissez rien au hasard, et sortez vos antennes !

FAQ

QUELLES SONT LES CARACTÉRISTIQUES D'UNE ÉQUIPE PROFESSIONNELLE ?

Selon Alderfer (1977) et Hackman (1987) (cités dans GUZZO (Richard A.), « Fundamental Considerations about Work Groups », in WEST (Michael A.), *Handbook of Group Psychology*, Chichester, John Wiley & Sons, 1996, p. 7-8), les groupes de travail partagent les caractéristiques suivantes :

- ce sont des entités sociales qui font partie d'un système plus global (le service juridique d'une entreprise, par exemple) ;
- ils exécutent une ou plusieurs tâches communes pour l'organisation (la gestion de dossiers juridiques) ;
- leur performance dans la réalisation de leur(s) tâche(s) impacte l'organisation (la mauvaise gestion d'un dossier juridique pourrait entraîner la perte d'un procès pour l'organisation) ;

- ils se composent d'individus qui ont des rôles relativement interdépendants ;
- l'appartenance au groupe est perceptible tant de l'intérieur du groupe que de l'extérieur (les membres du service juridique et les membres des autres services de l'organisation perçoivent l'identité du groupe, son existence).

QUELS SONT LES ÉLÉMENTS FAVORABLES AU BON FONCTIONNEMENT DE L'ÉQUIPE ?

Pour qu'une équipe ait une raison d'être, il est nécessaire que tous ses membres contribuent à la production des biens et/ou des services qui sont attendus d'elle. L'efficacité d'une équipe dépend de la convergence, de la coordination et de la persistance des efforts individuels de ses membres. Différentes recherches ont permis d'identifier les facteurs susceptibles d'influencer positivement le rendement d'une équipe :

- le soutien interpersonnel, qui favorise la pérennité de l'équipe ;
- la gestion des ressources, qui concerne essentiellement l'exécution des tâches ;

- le soutien à l'innovation, favorisant l'amélioration continue.

Chaque individu ne pouvant nécessairement répondre à lui seul à l'ensemble de ces contributions, l'identification des rôles des uns et des autres au sein de l'équipe permettra d'avoir une représentation plus claire des contributions que vous et chacun de vos collègues pourrez fournir au rendement.

L'INTERDÉPENDANCE DES TÂCHES INFLUENCE-T-ELLE L'EFFICACITÉ ?

Oui. Selon Catherine Guertin, André Savoie et Claude Larivière (2003), l'interdépendance des membres de l'équipe (au niveau des tâches, des objectifs et du feedback) influence son efficacité. Plus vous dépendrez de vos collègues dans l'exécution de votre rôle, plus vos buts seront communs et plus les résultats de vos actions dépendront de la contribution collective, plus votre équipe devrait être évaluée comme efficace par vos collègues et vous-même. Le fruit de leurs recherches indique que les objectifs définis au niveau du groupe ont un effet déterminant sur son efficacité. Pour bien fonctionner avec vos collègues, il est donc important que vous ayez des objectifs communs.

<u>Connaissez-vous l'effet BIRG ?</u>

Vous aurez certainement eu l'occasion d'expérimenter, dans votre parcours privé ou professionnel, à quel point les gens ont tendance à considérer que les échecs et les problèmes sont « les vôtres », vous indiquant : « Tu aurais dû faire ceci. Pourquoi n'as-tu pas fait cela ? » Par contre, lorsqu'il s'agit de succès, les membres de l'équipe s'empressent de vous indiquer : « C'est super, **nous** avons réussi ! »

Cet horripilant phénomène d'appropriation de la victoire des autres et de leur réussite, sans pour autant y avoir contribué, trouve son explication dans l'effet BIRG (*Basking In Reflected Glory*). Cette stratégie psychologique est utilisée par les individus pour renforcer leur estime personnelle face à d'autres, et renvoie au fait que nos identités personnelles sont liées à nos identités sociales, c'est-à-dire à celles qui découlent de notre sentiment d'appartenance à différents groupes sociaux.

EXISTE-T-IL UN MODÈLE POUR ÉVALUER LA PERFORMANCE DES ÉQUIPES ?

Oui. L'un des modèles de performance les plus influents reste le modèle « *input-process-output of work team performance* » de Joseph E. McGrath (1964). Ce modèle est couramment utilisé pour étudier la performance des équipes.

- Les *inputs*, ou ressources investies dans un projet, correspondent aux connaissances, compétences, expériences des membres de l'équipe, ainsi qu'aux moyens qui sont mis à leur disposition.
- Les *outputs*, ou résultats enregistrés, sont la performance de l'équipe, la satisfaction de ses membres et sa viabilité.

Les ressources devenant des résultats suite à différents processus de transformation, le modèle de McGrath nous invite à nous concentrer sur ces derniers plutôt que sur les ressources ou résultats lorsqu'il s'agit d'analyser l'efficacité des équipes.

LES RÉSULTATS DE L'ÉQUIPE PERMETTENT-ILS D'ÉVALUER SA PERFORMANCE ?

Pas seulement. Du point de vue de plusieurs psychologues des organisations, la performance ne serait pas le résultat de l'action, mais l'action en tant que telle. Pourquoi ne pas prendre les résultats comme indicateurs de performance ? Tout simplement parce que l'atteinte des résultats ne dépend pas totalement du contrôle de la personne ou de l'équipe. De nombreux facteurs peuvent entraver la réalisation d'actions : l'absence de moyens, de mauvaises conditions de travail, le manque de collaboration des parties prenantes, etc. Si vous souhaitez évaluer l'efficacité de votre équipe, il vous sera nécessaire de mettre les mécanismes suivants sous la loupe :

- la coordination ;
- la communication ;
- la cohésion ;
- la prise de décision ;
- la gestion des conflits ;
- les relations sociales ;

- le feedback, les rétroactions sur le rendement de l'équipe.

LES MEMBRES DE L'ÉQUIPE LES PLUS PERFORMANTS SONT-ILS CEUX QUI OBTIENNENT LES MEILLEURS RÉSULTATS ?

Pas nécessairement. Comme nous l'avons indiqué plus haut, la performance ne dépendrait pas tant des résultats des actions entreprises que des comportements au moment de l'action. La performance, c'est ce que nous faisons concrètement. Les résultats sont le produit de notre performance et ne sont pas uniquement liés à nos actions. L'atteinte des objectifs individuels et collectifs dépend également de facteurs qui échappent à notre contrôle, tels que la contribution des autres équipes dans le processus, les ressources disponibles, l'impact managérial, l'intérêt pour la démarche, etc.

ILLUSTRATION

Vous aurez peut-être de l'admiration pour Émilie, qui boucle toujours ses dossiers à temps, ou pour Victor, qui décroche de gros contrats. Il se peut également que vous considériez que Julia n'est pas très impliquée dans son travail, parce que son projet de changement organisationnel n'aboutit pas, alors qu'elle a la chance de participer à des actions innovantes et l'opportunité de collaborer avec des personnes importantes.

Nous sommes aisément tentés de croire que les personnes performantes sont celles qui obtiennent des résultats visibles. Mais cette croyance n'est correcte que si ce résultat est totalement sous le contrôle de cette personne, identifiable et démontrable. Il se peut qu'Émilie ne se sente pas obligée de vous informer que Patrick l'a aidée à encoder des données pour gagner du temps, et que Victor bénéficie d'un réseau de relations particulièrement intéressé par ses offres commerciales. Quant à Julia, reste-t-elle inactive ? Ses actions sont-elles inadéquates ? Êtes-vous vraiment persuadé(e) qu'elle bénéficie des marges de manœuvre et ressources nécessaires à l'aboutissement de son projet ?

Avant de jauger la performance ou la non-performance d'un(e) collègue, il s'agit de bien analyser le contexte et de dialoguer pour objectiver la situation.

LA PERFORMANCE EST-ELLE UNIQUEMENT LIÉE AUX COMPÉTENCES ?

Non. Plusieurs recherches ont démontré que des comportements tels que le fait d'aider, de partager ou de collaborer contribuent au sentiment de bien-être et à l'intégrité des personnes au travail. Les scientifiques qui étudient les organisations ont concentré leur attention sur ces comportements « prosociaux » qui influencent également la performance des entreprises. Il s'agit des comportements désintéressés de certaines personnes qui bénéficient à d'autres (comme collaborer) ou à l'entreprise (comme parler positivement de l'organisation à l'extérieur).

Les comportements de « citoyenneté organisationnelle » sont une forme de comportements prosociaux, qui ne sont pas repris dans le système formel d'évaluation de la performance, mais qui contribuent au fonctionnement efficace de l'organisation. Ils se manifestent par exemple par la courtoisie (prévenir de son absence), l'altruisme (aider un collègue surchargé de travail), l'esprit sportif (acceptation de contraintes exceptionnelles sans se plaindre), les vertus civiques (être présents aux enterrements, aux fêtes), etc.

Il s'agit en réalité de comportements dits « discrétionnaires », ce qui signifie que les personnes les produisent volontairement. Les facteurs qui contribuent à l'émergence de tels comportements sont le soutien du supérieur, l'interdépendance des tâches entre les membres de l'équipe, la satisfaction au travail, l'implication organisationnelle et la justice procédurale (équité perçue par les travailleurs dans l'application de procédures).

L'ÉQUIPE A-T-ELLE UN IMPACT SUR MON IDENTITÉ PERSONNELLE ?

En partie. Tajfel et Turner (1979), spécialistes des théories de l'identité sociale, stipulent que, dans le but de se forger une identité sociale positive, les individus cherchent à distinguer leur groupe positivement en le comparant aux autres. Car lorsque nous faisons partie d'une équipe, nous développons une identité sociale, un sentiment d'appartenance à ce groupe, qui participe de notre identité individuelle.

«Noussommeslesmeilleurs» oulebiais pro-endogroupe

Plusieurs chercheurs ont démontré que nous avons tendance à considérer que notre groupe d'appartenance et ses productions sont supérieurs aux autres groupes et ce qu'ils produisent. Une fois de plus, dans ce type de cas, notre identité sociale et notre besoin de nous distinguer positivement nous amènent à favoriser les évaluations positives de notre propre équipe. Considérer que celle-ci est meilleure que les autres nous aiderait à nous sentir mieux et à nous épanouir en son sein.

À VOUS DE JOUER !

Se positionner dans l'environnement

Cadence élevée ou modérée ?

Mode de justification des actions ?

- Cité civique
- Cité domestique
- Cité industrielle
- Cité de l'opinion
- Cité inspirée
- Cité marchande

Se positionner dans le travail

Quel est mon rôle fonctionnel ?

- Opérateur
- Intermédiaire
- Accompagnateur
- Transmetteur
- Spécialiste
- Gestionnaire
- Coordinateur
- Manager

Attention et effacité dans :

- la coordination
- la communication
- la cohésion
- la prise de décision
- la gestion de conflits
- les relations sociales
- le feedback, les rétroactions sur le rendement de l'équipe.

+ Professionnalisme
+ Comportements pro-sociaux
- Comportements toxiques

EFFICACITÉ DE L'ÉQUIPE

Se positionner dans l'équipe

Quel est mon rôle dans l'équipe ?

• Priseur
• Expert
• Organisateur
• Propulseur
• Perfectionneur
• Coordinateur
• Concepteur
• Promoteur
• Soutien

Attention et effacité dans...

Se positionner individuellement

Introversion – Extraversion
Sensation – Intuition
Pensée – Sentiment
Jugement – Perception

Votre avis nous intéresse !
Laissez un commentaire sur le site de votre
librairie en ligne et partagez vos coups de cœur sur
les réseaux sociaux !

POUR ALLER PLUS LOIN

SOURCES BIBLIOGRAPHIQUES

- BELBIN (Meredith), *Les rôles en équipe*, Paris, Éditions d'Organisation, 2006.

- BORDEN (Richard J.), CIALDINI (Robert B.) et alii, « Basking in Reflected Glory: Three (Football) Fields Studies », in *Journal of Personality and Social Psychology*, 1976, vol. 34, n° 3, p. 366-375.

- BRIEF (Arthur P.) et MOTOWIDLO (Stephan J.), « Prosocial Organizational Behaviors », in *The Academy of Management Review*, 1986, vol. 11, n° 4, p. 710-725.

- CAILLOUX (Geneviève) et CAUVIN (Pierre), *Deviens qui tu es. Guide pratique*, Gap (France), Le souffle d'Or, 1994.

- CAILTEUX (Caroline), *La gestion des compétences. Du modèle à la pratique*, Bruges (Belgique), Vanden Broele, 2013.

- CAMPBELL (John P.), GASSER (Michael B.) et OSWALD (Frederick L.), « The Substantive Nature of Job Performance Variability », in MURPHY (Kevin R.), *Individual Differences and Behavior in Organizations*, San Francisco (CA), Jossey-Bass, 1996, p. 258-299.

- GLASS (Lillian), *Ces gens qui vous empoisonnent l'existence*, Montréal, Les Éditions de l'Homme, 2013.

- GOSLING (Patrick) *et alii, Psychologie sociale. L'individu et le groupe*, Levallois-Perret, Bréal, coll. « Lexifac Psychologie », 1996.

- GUERTIN (Catherine), SAVOIE (André) et LARIVIERE (Claude), « L'interdépendance entre les équipiers comme déterminant de l'efficacité groupale », in DELOBBE (Nathalie), KARNAS (Guy) et VANDENBERGHE (Christian), *Dimensions individuelles et sociales de l'investissement professionnel*, vol. 2, Louvain-La-Neuve, Presses universitaires UCL, 2003.

- GUZZO (Richard A.), « Fundamental Considerations about Work Groups », in WEST (Michael A.), *Handbook of Group Psychology*, Chichester, John Wiley & Sons, 1996, p. 3-24.

- HORWITZ (Murray) et RABBIE (Jacob M.), « L'effet discriminatoire entre groupes en fonction d'une réussite ou d'un échec au hasard », in DOISE (Willem) et DESCHAMPS (Jean-Claude), *Expériences entre groupes*, Paris, Mouton éditeur, 1969, p. 69-86.

- JACQUEMAIN (Marc), « Les cités et les mondes : le modèle de la justification chez Boltanski et Thevenot », Département de sciences sociales de l'université de Liège, 2001, consulté le 9 juin 2015. http://orbi.ulg.ac.be/bitstream/2268/90443/1/Les%20cit%C3%A9s%20et%20les%20mondes%20de%20Luc%20Boltanski.pdf

- JUNG (Carl-Gustav), *Types psychologiques*, 5e édition, Genève, Librairie de l'université Georg et Cie, 1983.

- LE BOTERF (Guy), *Professionnaliser. Construire des parcours personnalisés de professionnalisation*, Paris, Éditions d'Organisation, 2010.

- MCGRATH (Joseph E.) et O'CONNOR (Kathleen M.), « Temporal Issues in Work Groups », in WEST (Michael A.), *Handbook of Work Group Psychology*, Chichester, John Wiley & Sons, 1996, p. 25-52.

- SOLAR (Claudie), *Équipe de travail efficace. Savoirs et temps d'action*, Québec, Les Éditions Logiques, 2001.

- TAJFEL (Henri) et TURNER (John C.), « The Social Identity Theory of Intergroup Conflict », in WORCHEL (Stephen) et AUSTIN (William G.), *Psychology of Intergroup Relations*, Chicago, Nelson-Hall, 1979, p. 7-24.

- YEATTS (Dale E.) et HYTEN (Cloyd), *High-Performing Self-Managed Work Teams. A Comparison of Theory to Practice*, Thousand Oaks, Sage Publications, 1998.

SOURCE COMPLÉMENTAIRE

- EYMARD-DUVERNAY (François), L'économie des conventions, méthodes et résultats, tome II, Paris, La Découverte, 2006.